Publier des Livres électroniques avec des Flux de Trésorerie Concept:

Comment Publier Votre Propre eBook Amazon Kindle Traces de Bout en Bout

Christopher Kinkaid

Published by Solardyne, LLC
Portland, Oregon

ISBN-13: 978-1500677770
ISBN-10: 1500677779

Index

Préface

Apprenez comment formater et de publier votre livre sur Kindle d'Amazon en 19 étapes faciles. L'édition numérique est une révolution - révolution.

Publier des eBooks rapide et facile si vous savez comment. L'outil de communication le plus puissant vous permet de publier votre Internet à travers le spectre de la plate-forme Amazon Kindle, et payé. Maintenant, vous pouvez réaliser des sites du marché pour tout le monde autour d'elle, tout à la fois, en utilisant cette étape facile Guide étape par.

Diffuser dans le potentiel d'atteindre un public mondial pour votre amplitude de eBook, et monétiser leur contenu numérique pour générer un flux de trésorerie mensuel. Cet Book vous montre comment mettre en forme et publier votre livre électronique avec la plus longue plate-forme numérique au monde. Apportez votre carnet d'appliquer le concept de flux de trésorerie.

Ce livre va étape par étape à travers la "mécanique" de mise en forme et la publication de votre propre livre électronique avec une séquence d'étapes de bout en bout.

Placez un livre électronique est une affaire compliquée. Il propres conventions, des formulaires, des procédures, des méthodes et des outils, mais comment vous réalisé à travers tout ce brouillard?

Cet Book est conçu pour vous apporter, de manière logique et simple par étape à travers l'ensemble du processus de la publication du livre, du début à la finition, en étapes faciles à suivre. Atteindre un public mondial d'amplitude est un outil puissant pour les auteurs et les éditeurs. Apprenez comment publier facilement votre livre directement à partir de votre ordinateur ou PC, de sortir et de toucher le monde.

La publication et la distribution de votre livre dans le monde entier est la plus grande opportunité pour les auteurs du 21ème siècle. Cet Book est écrit à la prendre et l'amener à vous et votre eBook, du concept des flux de trésorerie, les traces, du début à la finition.

À Propos du Livre

Utilisez cet Book pour apprendre à publier votre livre sur Amazon avec 19 étapes. Cet eBook est écrit comme une étape par étape la procédure de mise en forme et la publication de votre livre dans le segment marqué pour les ventes Amazon Kindle et de distribution à travers le monde.

Le processus de publication d'un livre électronique est complexe dans le détail, mais simple au format. Ne soyez pas intimidé, même une montagne peut être monté à chaque étape à la fois. Dans l'édition Livre électronique, chaque sortie a une réponse. Chaque changement, une solution. Chaque livre qui mérite d'être lu, il doit être écrit.

Cet Book est conçu pour vous guider de la conception eBook grâce à la construction d'un eBook dynamique entièrement fonctionnel, Amazon et télécharger depuis le début. Profitez des caractéristiques du livre électronique moderne Construire une expérience utile, intéressant et agréable pour les lecteurs de livres électroniques.

Venant de la notion de flux de trésorerie, ces étapes sont l'outil pour accéder à la plus grande opportunité dans la communication moderne: l'édition numérique de votre ordinateur ou PC, directement au réseau mondial d'Amazon en un "clic."

Utilisez le **Guide rapide** avec dans le chapitre douze, ce qui vous donne une liste de contrôle traces de ses tâches d'entièreté et mise en forme.

La rédaction d'un eBook succès est plus que juste une grande écriture. Placez un livre électronique vous donne la possibilité d'atteindre un large public, presque instantanément, une fois que vous savez comment. Cet Book comprend les étapes successives et technique à publier leur travail du début à la fin.

Chapitre 1 donne une vue d'ensemble et examine le processus de conception de la structure de votre eBook.

Chapitre 2 décrit les sections ou éléments que vous devriez inclure dans votre livre. L'expérience du lecteur est l'objectif le plus important de l'édition numérique.

Chapitre 3 parle de son titre de livre électronique. Le titre définit son eBook, non seulement pour les lecteurs, mais pour lesquelles des programmes informatiques concurrence eBook.

Chapitre 4 décrit tous les éléments dont vous avez besoin pour mettre en forme la fonction de l'eBook moderne.

Chapitre 5 couvre la mise en forme de l'image elle-même. Il apporte la beauté et l'expression de votre livre avec des images, et insérer et enregistrer ces images pour un affichage vraiment WISIWIG sur les appareils mobiles.

Chapitre 6 est consacré aux techniques de production pour créer votre propre eBook couverture.

Chapitre 7 traite de l'importance d'avoir un éditeur. Plus yeux signifie plus de perspicacité dans la façon dont l'expérience des lecteurs de votre livre électronique peut être à la fois émotionnellement et intellectuellement.

Chapitre 8 vous apporte la façon dont vos dossiers Télécharger Editeur de Kindle et vivent dans le spectre global Amazon.

Chapitre 9 couvre la monétisation, la définition des prix, le paiement, et la génération de flux de trésorerie mensuel.

Chapitre 10 semble structurer votre esprit. Maintenant que vous êtes un auteur, découvrir la technique pour construire votre idée à travers la présence web

Chapitre 11 contient une discussion à propos de la publication de livres dans différentes langues pour augmenter le nombre de livres que vous pouvez poster.

Chapitre 12 est votre guide de démarrage rapide et liste de vérification finale traces.

Utilisez cet Book pour publier votre propre eBook dans des étapes faciles eBook de la conception à la vente à travers le monde, et la production d'un flux de trésorerie mensuel.

À propos de l'auteur

Christopher Kinkaid

Christopher (Toby) Kinkaid, originaire de Portland, Oregon, est le fondateur de **Solardyne.com**, **SolarQuote.com**, et **AlgaeToday.com**, et a travaillé dans les technologies d'énergie propre pendant plus de trois décennies. Kinkaid est l'inventeur de l'axe vertical générateur de vent "Helyx" module PV de concentrateur solaire "Papillon non-imagerie" (fonctionnement continu à Sandia National Laboratory depuis 1994), la lentille optique concentrateur solaire démultiplexeur (Dr. James / Sandia National Laboratory, 1991), et est l'inventeur d'un emballage d'origine de l'énergie solaire "Solar Power Pack" (la Terre Mère Nouvelles, "Littlest utilitaire" Juin / Juillet 2001).

Aussi, Kinkaid a été conférencier officiel et présentateur de technologies d'énergie propre dans les différents événements à travers le monde, y compris "APEC" Bangkok, Thaïlande, 2003, "World Energy Solutions", Tokyo, Japon, 2003, la Conférence internationale de la biomasse (IBC), 2010,

Minneapolis, MN, et la Conférence sur les algues Organisation biomasse (ABO), 2010, Phoenix, AZ.

Christopher (Toby) Kinkaid, est apparue dans les entretiens et interviews à la télévision KOIN, KGW TV, et "Aujourd'hui durable" produites dans l'Oregon, et a siégé au conseil d'administration de l'Association nationale des Etats-Unis, Washington DC hydrogène, 1993 Société japonaise de communication par satellite (JCNET), Fukuoka, au Japon, de 1994 à 1995, et Algaedyne Corporation, Preston, MN, 2010-2013.

Kinkaid, est actuellement chef de la direction de Solardyne, LLC à Portland, Oregon, où il continue son travail en tant que spécialiste dans le développement d'applications et la recherche de l'énergie solaire, éolienne et la biomasse.

Introduction

Apprenez comment publier des livres en 19 étapes.
Peu de révolutions ont des possibilités pour les
écrivains et auteurs comment l'édition numérique.
Depuis le début de l'ère du numérique, de la "toile
de la portée globale" à travers "Recherche," "médias
sociaux" et même le "Applications," l'édition
numérique a ouvert de vastes marchés pour la
consommation d information. La capacité de
l'auteur à être distribué dans un segment de marché
mondial et de recevoir des redevances mensuelles
directement avec, est vraiment puissant.

Publier, distribuer et vendre votre livre dans le
monde entier depuis votre ordinateur ou PC
gratuitement.

En utilisant la plate-forme Amazon, des
informations utiles dans toutes les disciplines, à
travers des livres, est juste un moyen de recherche-
et-tambours de moitié de la population mondiale.
Le segment de marché énorme d'Amazon, et des
outils qui fournissent des annonceurs, a permis la
plus grande révolution dans les communications
depuis le Pen: Publication numérique par Click.

L'édition numérique est une révolution avec une
différence: Votre révolution est.

Le génie même de la plate-forme Amazon est la
capacité des consommateurs d'obtenir des

informations intéressantes et télécharger en un seul clic. Lorsque les gens sont connectés au réseau Amazon et avoir des informations de votre compte déjà en place, l'acquisition de l'information est rapide, facile et complet.

Ce livre est écrit pour partager avec vous, la prochaine auteur de Publier sur le Kindle d'Amazon, les "outils" et "séquence" pour appliquer ces outils pour produire des livres avec la plus haute qualité possible.

D'une manière générale, de publier votre livre sur Amazon, il faudra observer les cinq catégories suivantes:

Teneur
Mise en forme
EBook Cover Image
Informations avant Matter
Chargement sur Amazon

Ce livre examine ces cinq grandes catégories dans 19 mesures spécifiques, de sorte que vous pouvez facilement avancer votre projet de la phase de conception au Cash Flow. Une fois que vous avez écrit le livre électronique de scénario et format d'eBook de votre étape, vous êtes prêt à relancer votre eBook monde et le rendre disponible à l'achat à l'échelle mondiale.

Monétiser vos eBooks publication redevances provenant de la plate-forme Amazon. Publication sur le système Kindle, vous sélectionnez les taux de 35% ou 70% du prix de vente de droits, en fonction des prix de vente que vous avez sélectionnés pour votre eBook. Demandez à vos redevances envoyé par chèque, EFT ou paiements mensuels, si vous atteignez le seuil de paiement mensuel d'Amazon.

L'édition numérique avec Amazon est un modèle brillant d'affaires pour la simple raison que leurs coûts sont extrêmement faibles (fixe), et sa portée mondiale avec Amazon s gagner des redevances de plate-forme directement à vous. Il s'agit d'un nouveau monde, et des livres d'édition, un excellent moyen d'atteindre un public mondial, et de gagner grand revenu pendant que vous faites.

Chapitre Un - La publication de contenu - Vue d'ensemble

Publiez votre eBook démarre correctement avec la qualité de votre eBook. Après la qualité de son contenu, les deux aspects les plus importants sont le prochain titre et en sélectionnant la couverture du livre électronique.

Bien que le titre de ce chapitre est basé sur le "contenu," le "contexte" dans lequel vous encadrez votre "contenu" de déterminer leur importance et de l'impact sur le lecteur. Titre et Couvrez votre eBook sera le facteur le plus convaincant pour être lu, que le lecteur donne une réponse émotionnelle à l'effet que provoque l'eBook. Amazon lecteurs seront tirés au sort ou repoussés sur la base de leurs impressions "première."

Faites défiler les lecteurs de livres décidez d'acheter le livre électronique basé, accablé ou impressionné par la façon dont à la fois le certificat de titre que les raisons de son intérêt.

Comme commencer à écrire votre projet de livre électronique lancé par titre. Vous pouvez toujours changer, l'améliorer ou mettre à jour, puis après l'avoir activé, mais c'est le point de départ logique. Vous pouvez améliorer votre position dans les recherches de titres avec Amazon riche en mots clés.

Par exemple, j'ai publié un livre intitulé "PV solaire de pompage de l'eau." Quand j'ai commencé à écrire le livre que je voulais l'appeler "Pompe votre eau avec le soleil." Après mûre réflexion, déterminer que j'avais les mots "bombe" et "eau" dans mon premier diplôme, et d'un point de vue créatif de recherche sur mon ordinateur (PC) eu que deux clés mots "amis" dans mon titre.

Je suis allé à "pompage solaire de l'eau" à la fin, car cela décrit le sujet de mon livre, et chacun des trois mots de mon titre a été un mot-clé. Comme il s'agissait d'une expression organique quelqu'un pourrait utiliser tout en faisant une recherche de mise à jour d'Amazon pour une eau de thème de pompage solaire photovoltaïque. Sélection des mots clés, vous pouvez "saisir" l'esprit de votre lecteur, et de penser comme ils le feraient.

Mon nouveau choix du titre agréablement augmenté mon "densité des mots clés".

Note: (Ceci est utile pour les ordinateurs qui visent directement le contenu). Quand un lecteur Kindle d'Amazon recherches avec un terme lié à votre titre, nous espérons que vous trouverez ce que vous. Et vous voulez eBook monter »en haut de la page," ou près du haut de la liste de résultats de recherche sur Amazon. Il est essentiel de choisir le titre de votre livre avec soin.

Titres et sous-titres sont si importants que le **chapitre trois** est consacré à cet aspect.

Une fois que vous avez certains pays développés précédemment, les connecter à un concept de couverture des livres électroniques. Vous pouvez vous demander pourquoi nous commençons par eBook couverture? N'est-ce pas mettre la charrue avant les boeufs?" La raison de commencer par le titre et la couverture du livre sont l'inspiration.

Remarque: **Le chapitre six** est sur les couvertures ou couvertures des livres, mais ils sont si important de réfléchir à leur sujet est tôt perspicace et agréable. Quand j'écris un livre électronique j'ai mis une copie de ma couverture sur mon bureau pendant que j'écris. Inspirer réunion dans le processus de rédaction. C'est passionnant, et il me donne mon but dans ce processus. Et au moment où j'écris, je garde planant au-dessus de la conception de la couverture. Le plus mon eBook grandit, plus la conception se développe. L'écriture est organique, vous finirez, souvent loin de l'endroit où il a commencé, mais n'est-ce pas là un grand jour, il valait?

Recherche par mots clés et eBook couvre dans le marché Amazon.

Recherche des livres électroniques sur votre matériel, ou près de, au sein d'Amazon. Regardez les couvertures des livres qui peuvent apparaître dans votre recherche.

Qu'est-ce que les termes de recherche mèneront à plus eBook "précis?" Qu'est-ce que vous offrez à vos yeux? Ce qui a poussé en elle, Qu'est-ce qui vous fait penser "je veux plus?"

Écrire un livre est un travail difficile et nécessite vos meilleures compétences. L'écriture est mieux quand vous "surfer" les vagues de la passion. C'est la passion comporte une grande énergie et le sujet de son contenu du cœur de son puissant désir de publier. Prenez votre passion à flot.

Création de la couverture de votre livre est vraiment passionnant à regarder, et me donne toujours un coup de pouce émotionnelle. L'écriture, l'achat et la lecture d'un livre électronique est une expérience émotionnelle. Insérez cette excitation et profiter de votre écriture en suivant ces étapes de la déchiré par.

Pensez à votre auditoire, et les écrans.

Les écrivains doivent développer un contenu intéressant, et dans un style qui est facile à lire sur des appareils mobiles. Écrit des livres, reflétée dans les écrans des appareils mobiles ont des différences marquées de phrases d'impression traditionnels. Des peines plus courtes sont plus efficaces sur les petits écrans. Les écrans d'appareils portables sont d'environ 1/3 de la taille des moniteurs d'ordinateur.

Le libellé de "contenu" de livres électroniques est différente de l'écriture de livres imprimés traditionnels. Les téléphones intelligents (téléphones intelligents), les tablettes, et autres plateformes petit écran changent l'expérience de lecture.

Les longs paragraphes ne sont pas très bien lire sur les petits écrans. Ecrire dans des paragraphes courts suggère pas tronquer son contenu, ou licence poétique, mais il est préférable de tenir compte de votre plate-forme, et de maximiser l'expérience Reader.

Les étapes spécifiques dans le dernier chapitre dans la liste Digital Publishing Kindle eBook sont écrits pour vous donner une carte de l'itinéraire du début à la fin. Suivez ces étapes lorsque vous démarrez votre processus d'écriture, et vous allez de la conception des flux de trésorerie. Lorsque vous êtes prêt à lancer votre eBook sur plate-forme mondiale

d'Amazon, s'il vous plaît se référer à **Chapitre Huit**
dossiers et télécharger votre livre

L'écriture de son livre - la vue d'ensemble.

Votre eBook va commencer comment un simple
document Word. Utilisez un type de police et le
texte en 12 pt simple et clair. Lecteurs Kindle
peuvent choisir leur propre police et la taille lors de
la lecture de votre livre électronique, les numéros de
pages n'existent pas et sont obsolètes pour le
lecteur d'appareils mobiles. Formatage ne vous
inquiétez depuis le début. Vous avez formaté votre
document près de la fin du processus d'écriture
(cela permettra d'économiser un peu de temps à la
fin).

Lorsque vous commencez à écrire, je viens de le
faire avec un simple document Word en utilisant un
type simple et la taille de l'impression. Kindle est
conçu pour "simple" qui permet de convertir des
documents Word po Mobi quand ils publient votre
eBook sur leurs plates-formes. Cela signifie que
vous devez formater, en fait, avec un format
spécifique, mais cela en fin de compte, pouvez
économiser beaucoup d'efforts sur la réédition.

Le document de travail de votre livre électronique
devrait être un document WORD avec un Doc.
Rédigez votre eBook Sans autre formatage d'un
solide fin "retour" d'un paragraphe et commencer
une nouvelle, bien distincte des paragraphes
intérieur de chaque chapitre.

Cette approche de "plan Jane" vous fera économiser temps quand vous arrivez à la fin du document.

Éléments à inclure dans votre livre:

Dans **le chapitre deux**, ci-dessous, toutes les sections ou des éléments que vous devriez inclure. Les éléments sont présentés et décrits. Pour générer un projet de votre eBook, suivez ces étapes faciles.

Ces étapes sont conçus dans une séquence qui fait "construire" votre livre facilement, et suit un cheminement logique. Après que vous avez écrit votre livre, vous coudre votre eBook mettre en commun leurs articles avec des liens hypertextes. Plus à ce sujet dans le chapitre quatre: le formatage.

Présentation de la publication numérique:

Le long processus de "Écrire et Check" sur l'édition numérique écrivent le contenu, le formatage du contenu, écrire le "Stuff Accueil" produire l'image sur la couverture de son livre, et son dossier dans les publications Amazon.

Une fois que vous avez enregistré, il entroncará avec leur "Bibliothèque" ou "Bibliothèque." Cette page est la rampe de lancement à partir de laquelle vous obtenez vos informations de "Home Stuff" de son livre, et commencez à construire votre eBook.

Pour commencer le processus de l'édition eBook, choisissez Nouveau titre (nouveau titre), comme la page Bibliothèque Amazon.

Le Stuff Accueil se réfère à toutes les informations sur votre soutien eBook. Titre, Sous-titres, Auteur, d'autres contributions cotées, leur déclaration de matériels, descriptions, mots clés, catégories à lier fortement leur objet du droit d'auteur, sont inclus dans les informations du "Home Stuff".

Vous devez préparer trois éléments de base de votre eBook. Les informations contenues dans le "matériau de la maison," ci-dessus. Le livre électronique lui-même, bien formaté, et le couvercle dossier de l'image de livre électronique.

Chargez vos dossiers de contenu (.Doc), les fichiers et dossiers d'image Revêtement Livre électronique (. JPEG) sous son nouveau nom. Une fois chargé, le tout dans la plate-forme Amazon Kindle, vous sélectionnez la quantité de dollars (ou autre monnaie) que vous voulez charger, pour chaque copie de chaque territoire ou à l'échelle mondiale, et tapez sur Enregistrer et soumettre (Enregistrer ou Enregistrer ET ENVOYER).

Une fois que vous avez envoyé vos dossiers, vous allez "vivre" dans le monde dans les prochaines 12 à 48 heures.

À partir de votre ordinateur, ou PC, vous avez la possibilité de poster des annonces globales avec

Amazon. Aucun frais pour vendre des livres électroniques sur Amazon sur votre réseau. Pour les auteurs et les éditeurs, la plate-forme d'édition d'Amazon est une puissante révolution. N'importe qui, n'importe où, peut atteindre et toucher le monde.

Dans le chapitre suivant, nous allons aller étape par étape à travers les "Eléments" séparément, vous allez utiliser dans la "construction" de votre livre sur Kindle.

Chapitre II - Les éléments à inclure dans votre livre électronique

Lorsque vous avez terminé de rédiger la version finale de son livre, le "contenu" de votre eBook sera formaté pour le téléchargement numérique.

En tant que tel, votre meilleure approche est d'avoir une riche sélection d'articles inclus dans le format eBook et profiter des caractéristiques spécifiques des eBooks. Différentes sections ou éléments donnent à votre lecteur plusieurs façons de regarder son livre, parcourir votre livre électronique, trouver des informations sur votre eBook, et de fournir un environnement riche pour profiter de votre eBook.

Les lecteurs qui achètent des livres électroniques cherchent la facilité d'utilisation, la profondeur du contenu et de plaisir dans leur expérience de livres électroniques. La navigation à travers des livres est une caractéristique d'une grande valeur pour les lecteurs. Chacune des sections sera disponible directement à ses lecteurs pour les simples "cliquer" sur les liens que vous mettez dans votre index, et les endroits spéciaux pour votre texte.

J'ai formaté correctement fonctionner le livre électronique sont vitales pour un eBook succès. Le **chapitre 4** (mise en forme) couvrent les caractéristiques essentielles du processus de formatage attendus dans les livres électroniques modernes.

Dans un livre, "l'Indice" est dynamique. Les titres des chapitres sont "tecleables" vous emmène directement au début de la section dans le corps du texte, ou ailleurs, selon la façon dont le lecteur choisir.

Les éléments à inclure dans votre livre, dans ce cas, et se référer à des "paquets" d'information spécifique qui aide les lecteurs à se frayer un eBook. Les différentes sections énumérées ci-dessous, sont désignés comme des "groupes" d'information A propos de votre livre, donnant au lecteur de nombreuses options.

Chaque élément majeur aura sa propre page qui lui est dédiée, ou pages, et placé dans son index.

Dans la section mise en forme, le chapitre 4, nous allons passer par des liens hypertextes, bibliothèque, et d'autres exigences de mise en forme. Hyperliens apporteront à vos liens lecteur instantanés à d'autres parties pertinentes de votre livre, ou se connecter directement à des sites Web. Les sections du lecteur d'eBook donner à votre "révision majeure de traits" sur la façon dont l'information est organisée dans le contenu.

Écrit son livre avec ces éléments donne au lecteur une vue plus complète de l'auteur, le contenu eBook, et sert à améliorer l'expérience du lecteur.

Étape 1 : Rédaction de la "Index"

Écriture ou la lecture d'un livre électronique, tout commence par l'indice, si vous commencez tout juste à écrire son livre, commencer à l'indice. Donnez votre premier indice, donne une feuille de route à votre propre eBook, et vous aide à organiser vos chapitres.

Comme commencer à écrire votre index, Un Cela vous oblige à réfléchir à votre livre dans les grandes lignes, et comment un processus. Affichage des titres de chapitres, ou les diplômes proposés, donne une structure de base pour la progression de votre eBook. Comme commencer à écrire votre livre, vous pouvez suivre votre index et de travailler dans une section ou un chapitre de son temps.

Comment mangez-vous un éléphant? Un peu à la fois. La même chose est vraie pour écrire un livre. Il est facile de se sentir dépassé lorsque l'on regarde la "montagne à gravir" représente écrire un livre électronique. Toutefois, si vous écrivez votre premier indice, vous pouvez vous concentrer un peu sur l'allégement du fardeau de l'ensemble du projet.

L'indice est un "Grand Central Station" de votre eBook. Cet indice donne aux lecteurs l'accès à n'importe quelle partie de votre livre en tapant sur leur hyperliens.

Étape 2: Le "Préface"

Le "Préface" donne à votre lecteur de livre électronique un aperçu des sujets de son livre, et ce qu'ils peuvent s'attendre à acheter votre livre. Ecrire une préface à un style positif et caractères informatifs, avec l'intention de produire une séduction.

Le "Préface" pour écrire devrait offrir une certaine excitation et exhorter le lecteur. Descrina ce que le lecteur va découvrir, et gagner d la lecture de votre livre électronique. Le "préface" peut aussi fonctionner comme une introduction à l'introduction (ailleurs). La préface donne le "contexte" plus ou "point de vue" de votre eBook. Le "Préface" devrait être le crochet qui mène le lecteur à veulent plus. Écrire un "préface" comme si vous étiez le lecteur qui veut romancear.

Étape 3: "Trottoir livre"

"A propos du livre" est important et doit être écrit pour donner une vue "mécanique" sur le livre électronique. Comprend une description des chapitres, et de perspicacité pour être obtenue par le lecteur à chaque chapitre. Cette section "À propos du livre" est un manuel pour la navigation de votre eBook, et donner au lecteur une "vue rapide" de son livre

Étape 4: Rédaction de la section "A propos de l'auteur"

Cette section "À propos de l'auteur" est essentiel pour construire votre timbre. Les lecteurs veulent savoir qui est en train d'écrire le livre, et probablement le troisième plus important dans leur décision d'acheter, outre le titre et les détails. Vous écrivez un livre qui a quelque chose à dire. Vous avez quelque chose à ajouter à la littérature, et donc doit être publié. La section "À propos de l'auteur" devrait inclure les "grands feux" de sa carrière, ou la culture générale qui qualifie la façon dont un écrivain.

La crédibilité vient de l'expérience. Sa section "À propos de l'auteur" peut inclure votre photo (s'assurer que votre image est seulement le vôtre, avant et qualité professionnelle). Inclure les URL ou un site web où il peut être renvoyé à l'objet de votre eBook. Si vous avez été publiés dans d'autres sites de les inclure dans le cadre de leur expérience.

Étape 5: Rédaction son «Introduction»

"L'introduction" de votre eBook est très important de donner le ton et la portée pour le lecteur. Fictive ou non, "l'introduction" fournit l'état de sa sortie numérique et mis le "contexte" de donner la perspective de son contenu.

Sa section «introduction» à être construit sur sa "Préface" et d'explorer les longs runs portant le foyer à l'intérieur, ou "en dessous", de votre sujet à votre sujet. Comprend la longueur du «contexte» de votre sujet et amène le lecteur au particulier. Si vous écrivez une fiction, alors votre introduction met en scène, et amène le lecteur dans son histoire de l'extérieur. Si vous écrivez une écriture non-fiction, l'introduction encadre le sujet de votre livre, et mentionne les aspects passionnants et éblouissantes pour un sujet normal et potentiellement obscures ou peu connus.

Étape 6: rédaction de ses «chapitres»

Organisez votre livre en chapitres distincts pour le corps de votre texte, et notamment les photos si vous prenez ses lecteurs sur une visite. Le nombre de chapitres est variable, en fonction du contenu de votre eBook. Les chapitres sont facilement accessibles par le lecteur de l'indice, à l'aide des liens hypertexte. Chapitres de nommage pertinentes, doivent garder à l'esprit les petits formats d'écran pour les appareils portables. Bien que les utilisateurs Kindle peuvent ajuster la taille du texte affiché sur l'écran du lecteur Kindle, les titres des chapitres dans leur index sont généralement mieux pris en charge quand ils sont courts et serrés.

Garder les courts chapitres de leurs titres de l'indice, mais plus dans les titres des chapitres montrer comment le corps de votre texte à votre livre donne une vue claire. Cela maintient leur incomparable, "Index" conserve ses titres royaux dans le corps de son exposé et fidèles à leur eBook intention initiale. Lorsque vous atteignez les étapes de mise en forme, formater les titres et sous-titres des chapitres comment Titre 1 dans vos projets de styles de Word.

Chapitres doivent être séparés par des espaces Pages, word.doc insérées dans le document. Cela sera expliqué dans le chapitre quatre - Mise en forme.

Étape 7: Rédaction du "Epilogue"

Les lecteurs ont toujours une expérience émotionnelle et intellectuelle avec un livre électronique. L'excitation ou de frustration peuvent échangé à travers l'expérience de la lecture. Un "épilogue" est une bonne technique pour "attirer votre lecteur" et tirer rudement. Le "épilogue" met un point à la fin de la prière, de parler et d'envelopper et laisser absorbé la signification de l'accomplissement, et revoir ce que le lecteur a connu.

Chapitre Trois: écriture eBook Titre

Les deux aspects les plus importants de votre eBook après la qualité de votre contenu sont votre titre et votre maison.

Décrivant son titre nécessite le passage de plusieurs étapes. Commencez par le titre dans son cœur, une courte phrase, ou le nom, qui va à la signification, l'essence de votre eBook. C 'est la version romantique du titre.

Dans l'édition numérique, les titres de livres électroniques ont deux parties: le titre et le sous.

La publication numérique est différente de la publication imprimée. Pensez à votre eBook de deux façons: à partir d'un "point de vue humain et de vous donner un" ordinateur." La première façon de penser au sujet de votre livre est le point de vue humain ou point de vue.

La façon de penser dans son livre "humain" à travers l'expérience émotionnelle et intellectuelle de votre lecteur. L'expérience du lecteur comprend comment inspiré son titre et couvre une décision d'achat comment le lecteur à la recherche de sujets intéressants de livres électroniques, et l'excitation d'attente pour lire votre eBook.

La deuxième façon dont vous devez penser à votre livre est dans la façon dont les ordinateurs "pensent".

La publication numérique est effectuée sur une plate-forme numérique. En tant que tel, les ordinateurs sont intégrés dans la façon dont fonctionne l'édition numérique.

Du point de vue du monde de l'ordinateur n'est pas en feuilles grises, vous voyez uniquement en noir et blanc. De nombreux programmes informatiques définissent les questions et réponses, un ordinateur "pense" à toute action. Du point de vue d'un programme d'ordinateur, comment votre titre ressemble?

Y at-il un mot dans son titre qui permet de "rechercher" pour trouver votre eBook? Y at-il des mots dans votre titre qu'un "humain" qui cherchent à utiliser votre sujet? Recherche machines informatiques, y compris Amazon, ne peut que conduire la population à la teneur avoir "inscrit" dans les programmes informatiques. Ebooks sont des livres numériques figurant sur la base de plates-formes "informatiques." Comme le lecteur trouvera dépend spécifiquement sur la façon dont vous décrivez le contenu de votre livre au titre et sous-titres.

Marché pas utiliser des slogans dans leurs titres. En règle générale, ne jetez pas votre livre dans son titre, comme "Best Seller" ou "Numéro 1." Que les commentaires viennent, mais les titres sont pas de place pour la commercialisation, mais la place pour la description. Remarque: les sous-titres, cependant, sont le site de commercialisation.

Dans notre deux façon de penser, le "humain" Titre doit être émotionnellement et intellectuellement "descriptive" de son contenu. Laissez la masse de votre eBook est au centre du titre.

Du point de vue de "Ordinateur" vous voulez que votre titre de ce mot composé "recherche."

Évitez les mots inutiles, ou des mots qui ne maximisent pas la compréhension du lecteur, et la capacité des ordinateurs à "reconnaître" leur contenu. Dans l'esprit de eBook écrit, Rico Strong et garder vos mots dans descriptives. Vous voulez mots cavalier entre l'expérience "humaine" et le "ordinateur" et pour fournir un effet utile dans les deux mondes.

Étape 8: écriture de votre titre et sous-titres

Ecrire titres et sous-titres à succès, mieux travailler avec un peu de recherche.

Faire semblant d'être un lecteur, et entrónquese pour la navigation avec Amazon Kindle eBook disponibles. Sentez-vous le contenu disponible, et apprécient, pas imiter ce qu'ils voient, mais de déterminer leur propre identité quand on vit dans l'Amazone. Vérifiez le contenu de livres électroniques connexes. Regardez les cartes, couvertures et ponts, livres et Description titres.

Vous cherchez des livres sur Amazon, rapport de livres qui atteignent le haut de la liste. Est-ce que votre terme de recherche apparaît dans les titres de ces livres qui apparaissent sur le dessus?

Les titres sont habituellement de courte durée. Cependant, son riche sous-titres de type dans "Mots-clés" qui sont "consultable." Dans l'ensemble de son titre est court, et sous-titres est plus riche

2palabras clé." Creuser est bon de savoir "mots clés" que les gens utilisent pour leurs sujets. Vous pouvez "tester" vos mots-clés dans une variété de façons, mais il est préférable de faire une recherche "organique."

Recherche biologique, c'est quand vous faites une liste de "mots clés," et la recherche de ces mots dans la plate-forme de Amazon Kindle eBooks. Aurait apporté de bons résultats de vos mots-clés? Comme l'auteur de l'eBook, familiarisez-vous avec le champ de la littérature disponible. Vous cherchez sur Amazon comme un lecteur Kindle sera agréablement atteint leur prix de marché et comment aider à la configuration de votre prix.

Dans l'exemple ci-dessus je l'ai mentionné un de mes livres "PV solaire de pompage de l'eau." Comment j'ai décidé de la densité des mots clés de ce choix de titre?

Mon sous-titres pour "PV solaire de pompage de l'eau" est "systèmes de pompage de l'eau avec l'énergie solaire pour Wells, ruisseaux, étangs, lacs et cours d'eau Faire?

MI-titres est riche en plus, et différent, les mots clés donnant de l'ordinateur les moteurs de recherche donnent quelque chose à enregistrer. J'ai "Comment faire" comme un élément de recherche les plus populaires. En plus de Mots-clés Titre de mon, j'ai le pouvoir, système, Eh bien, ruisseau, étang et ruisseau. Tous ces mots sont des termes de «possible et souhaitable" de rechercher un lecteur potentiel peut utiliser pour trouver un livre avec mon sujet.

Sélectionnez votre titre et sous-titre avec beaucoup de soin, la recherche et l'étude pour une réponse efficace à la fois la perception et la classification des "ordinateur" sera présent dans votre livre "humain."

Chapitre IV - Texte formatage de votre eBook pour Kindle publication

Le formatage de votre livre est un travail très important. Peut-être le plus heureux lors de l'écriture d'un format eBook est passant aspect. Maintenant que vous avez rédigé le projet final, et le temps de formater votre eBook pour le marché mondial. La mise en forme correcte est essentielle pour une expérience de publication numérique réussie.

Le "bébé" de format eBook est d'aller voir votre livre comme on entrer à partir d'une forme fonctionnelle, jusqu'à ce qu'il arrive à la vie. La rédaction du premier "corps" de votre eBook projet de texte en clair est atteint. Dans les étapes qui suivent la mise en forme, vous prenez votre projet jusqu'à "vanille" pour le monde vivant, avec des hyperliens et un index de texte entièrement fonctionnel.

Les liens hypertextes permettent de passer votre lecteur de livre électronique autour de votre eBook que vous "connecter" les différentes parties de votre eBook. La "destination" de leurs hyperliens sont appelés "Bibliothèques et livres."

Il est préférable de faire la mise en forme après avoir écrit le corps de votre texte. Écrivez votre premier livre et enregistrer les étapes de mise en forme pour la fin. La raison de format eBook votre logistique est près de la fin.

L'écriture est un processus organique, et vous ré-éditer le texte. Si vous faites votre mise en forme trop tôt, dollars à beignets allez, au moment où vous arrivez à la fin de votre projet, vous retirez les cheveux à essayer de "nettoyer" toute leur précédente formaté. Croyez-moi, laissez-le pour la fin.

Le document (les projets eBook) dossiers sont "chargé" sur Kindle numérique Publishing Network dans différents formats populaires. Ces dossiers comprennent les formats préférés PDF, HTML, HML, documents Word. Le format le plus pratique est d'utiliser les dossiers de document Word.

Pour une expérience lisse charge écrire votre eBook en utilisant MS WORD soit des dossiers ou des fichiers .Doc, ou avec des extensions. XDoc (lorsque vous enregistrez ou enregistrez le document). Si vous utilisez un Mac, puis enregistrez votre document sous SAVE AS, nom, et sélectionnez le format du dossier word.doc.

Étape 9: documents Word

Publication Kindle est conçu pour le rendre aussi facile que possible. Lors de l'écriture de votre livre électronique démarrer avec votre dossier de documents word.doc. Lorsque vous commencez à écrire votre livre, à commencer par word.doc fond sur votre processeur MS WORD, et le nom de votre dossier. Formatage Kindle requis est relativement simple, mais il faut être précis.

Note: Ne pas utiliser vos fonctions en-tête et pied de page. Laissez les blancs, et assurez-vous qu'ils sont dans la même police et le format que le corps de votre texte.

Pour le vérifier, il suffit de taper sur la tête ou le robinet dans votre document, et la source sera affiché. Vous voulez l'ensemble de votre document est dans une source unique. Mon préféré de police est personnel Myriad Pro @ 12 points.

Étape 10 : Insertion de sauts de page

Le format Kindle est très spécifique aux sauts de page. Ces dictent la façon dont ils se séparent chapitres dans votre document.

En utilisant le bouton "Insérer des sauts de page" la fonction, vous insérez le saut de page à la fin de chaque chapitre. Ceci garantit qu'il n'ya pas d'espace supplémentaire ou étranges "Hard retours" entre deux sections enchaînées dans votre document.

Insertion d'un saut de page décrit comment, commencer votre chapitre suivant en haut de votre page sont. Quand les lecteurs tapés sur un titre de chapitre dans son index, sera un lien hypertexte directement sur le haut de la première page de ce chapitre, là où il commence.

Remarque: Pour vérifier si vous avez réussi quand vous voyez un espace vide dans votre document (entre les chapitres), tapez n'importe où dans le vide, ce qui devrait amener le curseur à la fin du chapitre.

Si pas, et votre curseur sur le vide, alors vous devez saisir le nouveau "Hard retours" entre chapitres.

Appuyez sur la touche d'annulation (touche supprimer) Retourne le disque effacement jusqu'à ce que vous atteignez la fin du chapitre précédent. Cela rend votre flux de documents et facilite pour charger votre ebook Kindle aucun sorties, faire sa charge une expérience sans tracas.

Etape 11 : Insertion Titres Les titres 1 et 2

Pour les titres et d'autres chapitres de capital mots que vous voulez mettre en évidence dans le texte, ne pas utiliser la fonction de taille normale alors comment changer la taille de la police de 12-18 points. Au lieu de cela, éclairer leurs titres, et sélectionnez la rubrique 1 (en-tête 1) ou la rubrique 2 (Rubrique 2) de sa fonction de Styles.

Utilisez la rubrique 1 (Header 1) ou la rubrique 2 (Rubrique 2) styles dans le "tiroir Styles Vista" ("Voir le tiroir Styles") pour mettre en évidence leurs titres de chapitres et de sous-positions tout dans votre texte. La rubrique 1 (en-tête 1) est pour les titres des chapitres et la rubrique 2 (Rubrique 2) est de toute sous-position dans le corps du chapitre.

Kindle reconnaît ces «styles» et fournit une façon de normaliser les titres dans votre document de sorte qu'il est redactable pour Kindle.

Kindle prend en charge les caractères de base, et des mots peut être formaté en gras, italique, et la saignée, de sorte que vous avez une certaine souplesse dans leurs caractères et les formats de texte.

Étape 12: Les liens hypertextes et Monuments - construire votre index

Une grande différence entre les livres et eBook imprimé est le lien hypertexte. Les livres électroniques sont dynamiques, ce qui signifie que vous pouvez ajouter des liens dans le texte, qui fonctionnent comme des "boutons" menant le lecteur une autre partie de son livre à un site web de votre livre.

Comme vous construisez votre index, ajouter des liens hypertexte de chaque titre de chapitre à l'emplacement du chapitre de votre livre (appelé signaux ou signet).

Signes dans votre document indiquent les emplacements de l'ordinateur dans votre texte que vous souhaitez lier à ces titres de chapitre. Faites votre liste de signaux nécessite premier rouleau votre document. Mettez en surbrillance rapport que vous voulez dans votre texte comme titre de chapitre, sous-titres, ou de la position ou de l'alinéa remarquable. (Remarque: Vous ne pouvez ajouter un signal à chaque fois).

Dans Word, ouvrez le «inspecteur» sous VIEW (VUE) dans leur bar formaté.

Mettez en surbrillance le titre du chapitre que vous souhaitez marquer comme signe. Ensuite, allez à "Insertion" sur votre barre d'outils de mise en forme et sélectionnez "Insert-lien hypertexte"

Lorsque vous sélectionnez "lien hypertexte" pour le texte sélectionné, la fenêtre "inspecteur" vous donnera une table de sélection. Sélection du signal et entrez le signe "+" dans le fond. Le titre que vous avez allumé chapitre est maintenant ajouté à votre liste de signaux (sera affiché sur la liste.) Roulez votre document et mettre en évidence insertion lien hypertexte, tapez livre de Mark, de type "+" et continuer à ajouter, et de construire votre liste de signaux.

Une fois tous les titres des chapitres individuels sont amenés dans leur liste de bibliothèque, il est temps de construire votre index.

Aller à la page d'index. Entrez une liste de titres de chapitres séparés par un "dur" retours sur son indice de Web.

Chapitre Mettez en surbrillance un titre et sélectionnez "Insertion - Lien hypertexte" de la fonction "Insérer" ou formats de barre. Dans sa «fenêtre d'inspection," sélectionnez "signal" dans le cadre du "Lien vers" le point.

Lorsque vous avez sélectionné votre signal, votre liste de signaux préalablement sélectionnées apparaissent (peut être un menu qui se résume à "none" dans le tableau de la fenêtre jusqu'à ce que vous tapez). Sélectionnez le titre du chapitre correspondant que vous voyez sur la liste.

Votre lien est maintenant terminée. Si facile. Lorsque vous, ou votre lecteur, sélectionnez Titre Chapitre dans son index de lien hypertexte directement sur le début du chapitre sélectionné dans son livre.

Si vous voulez que votre lien hypertexte aller à un site Web ou une page Web en dehors de votre eBook sur le web, alors dans la dernière étape de sélectionner "lien hypertexte." Votre fenêtre de contrôle va changer et vous verrez un endroit pour entrer formelle destination site URL. Remarque: Assurez-vous que vous entrez dans le site Web pour commencer officiellement par http://

Etape 13: MAINTENIR NOMMER votre portefeuille et word.doc

Maintenant, vous avez écrit votre projet et ajouter votre document formaté, il est temps pour sauver. Assurez-vous de Enregistrer sous et nommez votre document dans un dossier word.doc. L'étape suivante consiste à ajouter des images à votre eBook. Pour cet article de passer au prochain chapitre: Nous Importation et mise en **images**.

Chapitre Cinq: Formatage Images

Les graphiques sont des éléments dynamiques de l'édition numérique. Les images sont en option sur les livres électroniques, et non pas la couverture. Vous pouvez les utiliser ou non. La publication Kindle prend en charge plusieurs formats images, cependant, pour de meilleurs résultats, toujours Save Images po JPEG.

Il ya des limites à la disposition des images et du texte sur une page de la plate-forme Kindle. Les images peuvent être localisés (centrée) ci-dessus ou en dessous du texte. Et inversement le texte peut être au-dessus ou au-dessous des images.

Habillage de texte autour des images n'est pas supportable, et très probablement entraîner des erreurs de mise en forme, ce qui rend son était une réflexion sur l'écran d'une manière que vous ne pouvez pas essayer. Et n'oubliez pas de "Centre" vos images dans votre document.

Les images sont un cas particulier dans l'édition numérique, et nécessitent un formatage spécifique à télécharger en douceur pour les afficher une fois que vous l'essayez sur votre appareil mobile.

Étape 14: Importation d'images

images de format de votre document correctement Word.doc, si vous choisissez d'inclure des images, est vital pour l'édition numérique. Juste pour "penser" la façon dont vous souhaitez un ordinateur avec le titre de votre contenu, traitement de l'image est d'une importance vitale en termes de format et de taille.

Toute page Kindle simples 600 pixels de large et 800 pixels de long. Assurez-vous que votre image ne dépasse pas ces dimensions, ou le résultat sera lisible pour un lecteur Kindle. Les images que vous souhaitez inclure dans votre livre doivent être "insérée" dans les documents à l'aide de la "Insertion" fonction WORD.

Mac Pour les annonceurs, la "Insérer - Sélectionnez" fonction est la commande appropriée pour importer une image. Si vous utilisez une ancienne version de la commande est "Insertion - Image." La procédure à suivre est d'utiliser l'insertion dans MS WORD. Insérez commande Image (ou Insertion - Sélectionnez - Nom du dossier) - vous permettra de sélectionner une image à importer dans votre document word.doc.

Note: Ne pas utiliser le coupe et commande Coller (Cut-N-Coller) pour importer des images à votre projet ou projet de livre électronique. Il est important d'éviter les erreurs de mise en forme lorsque vous incluez des images dans votre livre. Couper et Coller Cette commande n'est pas prise en charge, ce qui entraîne des erreurs et la mise en forme. Utilisez la fonction "Insertion" dans Word pour mettre des images dans votre document eBook. Utilisez la fonction "Insertion" dans Word pour mettre des images dans votre document de eBook.

Différents formats d'image sont pris en charge sur le Kindle, mais il est vivement recommandé de sélectionner le format. JPEG. Ce format fonctionne le mieux et vous donne une excellente vue sur le Kindle et les appareils mobiles qui prennent en charge Kindle.

Étape 15: Garder vos images comme dossiers compressés

La taille numérique de vos trucs eBook.

Amazon facturera une petite livraison de photo numérique lorsque votre eBook est chargé et déchargé. Par conséquent, vous voulez que vos photos, vos dossiers et documents, soit aussi faible que possible à la fin du dossier SAVE AS de votre eBook.

Utilisez la fonction de compression d'images que vous trouverez sur la barre formats d'image Word.

Chapitre Six - Création de votre couverture eBook

Urban Wind
Vertical Axis Wind Turbines

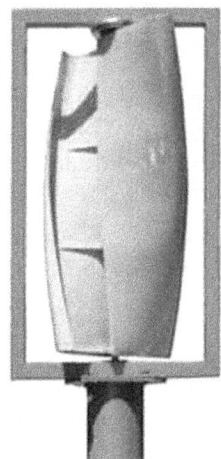

Wind Power in the City
Christopher Kinkaid

Après votre contenu, Titre et sous-titres, la couverture de votre livre est l'aspect le plus important de votre livre électronique numérique. Les couvertures graphiques sont passionnant et stimulant. Certaines personnes réagissent aux images sous-titrées. Et les autres réagissent lorsque graphiques de charge. En fait, la couverture de votre livre électronique devrait être une synthèse voudriez-vous voir, et des outils et des ressources que vous pouvez exploiter.

Etape 16: Création de la couverture de votre livre électronique

Produire votre couverture de livre électronique est une étape importante.

Essentiellement, vous avez trois possibilités de se concentrer la production de la couverture de son livre:

Tout d'abord, il peut faire pour vous-même, et apprendre l'art d'utiliser un programme graphique comme Photoshop. Illustrator, ou d'autres dossiers que vous pouvez enregistrer comme. JPEG. La production de la couverture de votre livre vous-même, est une excellente façon d'avoir un "contrôle créatif" tous. Et la production de vos propres images pour la couverture de votre livre électronique, auront le plus bas coût de l'auteur ou de l'éditeur.

Créer votre propre couverture eBook est vraiment amusant. Vous verrez comment prendre leurs propres concepts graphiquement, et quand il voit son écran de couverture de la prise, ravis. C'est vraiment plus divertissant que de regarder votre première vente!

Une autre façon, et la meilleure façon de produire une belle vue de votre livre électronique est d'utiliser certains des outils que Amazon a à poster.

Amazon a un générateur couvre pour les livres électroniques, où la page de bibliothèque. Utilisez ce programme comme si vous écriviez votre livre à jouer avec différentes couvertures des livres électroniques. Après avoir entré le titre, sous-titre et l'auteur du livre dans votre page Bibliothèque, tapez l'assistant de générateur eBook, et jouer avec différents plans et des schémas.

Le générateur couvre eBooks Amazon maintenir son titre, sous-titre et l'auteur du livre électronique que vous avez entré précédemment sous son nouveau titre, et offrira une gamme jusqu'à une limite, une galerie d'images, vous pouvez utiliser toute la largeur de la monde et des licences libres. Travailler avec ce générateur couvre eBooks de jouer avec des idées et des arrangements.

Remarque: Gardez la façon dont le projet jusqu'à ce que vous avez décidé de votre dernière conception de la couverture de livre électronique.

Deuxièmement, vous pouvez "faire une source externe" la couverture de votre livre électronique, et avoir quelque chose à faire. Il existe des services et produits de services, tels que **fiverr.com** qui offrent la couverture la conception des livres qui sont très rentables, et vous pouvez payer à des prix raisonnables. Plus important encore, vous avez votre World Copyright propriété de vos images et de dessins.

Votre troisième option est un hybride des deux premiers. La meilleure façon est de prendre le temps de concevoir votre propre couverture eBook, et utiliser les ressources, telles que celles décrites ci-dessus, d'apporter votre propre couverture de livre à la vie, et l'enregistrer comme un dossier. JPEG. Vous voulez que votre couverture d'ebook est intrigante, dynamique, vue au trésor, et surtout, passionnant pour le lecteur.

Acheter des images HD à partir de sources externes telles que **fotolia.com** est une excellente ressource pour les graphiques dynamiques que vous pouvez utiliser sur votre couverture de livre. Lors de l'inscription sur fotolia vous pouvez télécharger des images libres de droits Licence, généralement une somme modique. Après avoir téléchargé vos photos, vous pouvez les importer dans votre programme graphique et commencer à éditer et ajouter votre titre, sous-titre et l'auteur.

Pour des idées photos eBook Housses regard fotolia, avec ses 27 millions de plus les graphismes HD. Ce type de base de données fournira de nombreux graphiques utiles et dynamique pour votre couverture d'eBook possibilités de conception et les idées circulent facilement.

Chapitre Sept: L'importance d'un éditeur

Le meilleur conseil que je peux donner à un auteur avant publication, est à la recherche d'un éditeur. Ce n'est pas seulement quelqu'un qui peut être un «expert» dans le domaine sur lequel vous écrivez, mais plutôt un exemple de votre lecteur typique.

L'écriture est complexe à différents niveaux. Avoir les yeux plus sur votre écriture est inestimable. Vous ne regardez pas une réécriture avec un éditeur. Vous êtes en train de regarder les notes de production. Comment lire votre eBook? Est-il facile de parcourir votre livre électronique?

Vous êtes à la recherche de "rétroaction" tous les aspects de l'expérience du lecteur, citations, espaces, la structure des phrases. Un logiciel contrôle de l'écriture peut identifier beaucoup de l'écriture, mais le phrasé, le contenu de la prière et la cadence sont indispensables pour obtenir les meilleurs résultats, et ceux qui sont les meilleurs pour "pétrir" à un éditeur.

Étape 17: Lisez son livre comment un lecteur

Une fois que vous avez écrit votre livre électronique que vous aurez éditions, des révisions, des réécritures et des ajouts. Comme je l'ai écrit, vous arriverez à un point où vous semblez avoir atteint la fin de son écriture: son premier projet.

Habituellement, un écrivain est tellement absorbé dans le livre qu'il écrit est facile de perdre une certaine perspective. Au moment où il atteint la fin de son livre, et que son Snatch final commence à le lire, prendre une journée de votre livre électronique, puis d'y revenir et de lire votre eBook dans une perspective qui est votre lecteur de perspective. Je vous garantis que d'une journée, vous trouverez beaucoup plus d'erreurs dans votre manuscrit.

Est-il facile à lire livre électronique? Aimez-vous votre lecture? Ces aspects subtiles qui se manifestent comme vous relire votre livre électronique. Cela nécessite plusieurs lectures finales, mais l'examen de votre livre électronique de bout en bout la façon dont un lecteur est un excellent moyen pour asseoir bien dans sa forme finale.

Chapitre Huit: Chargement du document et Faire en direct

Envoyez votre livre électronique est le moment de vérité.

Vous avez écrit des chapitres de l'eBook. Vous avez écrit vos articles, y compris "A propos de l'auteur." Vous avez finalement formaté votre document WORD, et inséré des images que vous souhaitez inclure.

Vous avez construit votre index, et inséré tous les hyperliens, se tournant vers des sites extérieurs ou votre eBook "Signs" n'importe où dans le document.

Vous avez mis votre document à quelqu'un rétroaction lecture. Un éditeur de renom est préférable, mais tous les lecteurs fournira des informations précieuses.

Et vous avez donné SAVE AS dans un format dossier compressé. Son livre est presque prêt à lancer le monde.

Vous rechequeado vérifié et toutes les Hard-retours et les espaces de l'espacement des barreaux "étranges" ont été supprimées de votre document. Vous voulez que vos pièces propres et exempts de document WORD étrangère.

Le texte dans votre document a été construite avec des disques retours, rubriques 1 ou 2 pour les titres. Tous les sauts de page insérés à la fin de chaque chapitre à part.

Tous les signes et les hyperliens installés et testés, tels que son indice.

Toutes les images ont été sauvegardées po JPEG et dossiers compressés à une taille plus petite. Un "Clean Copy" de votre document word.doc très facilement accusé.

Maintenant, vous êtes prêt à ne vivre ainsi dans la plate-forme Amazon à l'étape suivante. Il manque seulement 10 étapes de la sortie.

Étape 18/19: Activation de votre compte d'édition avec le Kindle et charger votre eBook

Pour vivre sur le Net avec votre eBook sur le Kindle, suivez les étapes suivantes:

Première étape: Assurez-vous que le contenu de votre livre électronique est stocké sous forme de documents word.doc, et votre image de couverture est enregistrée dans un format de fichier de document distinct JPEG Appliquer SAVE AS à votre bureau ou un dossier, comment décrit ci-dessus.

Deuxième étape: Activez votre compte sur Amazon.com

Troisième étape: ra signale sa page Amazon et entrer un nouveau titre.

Quatrième étape: Une fois que vous avez choisi le Nouveau titre en bibliothèque, y compris les détails de l'objet principal de la maison, y compris le titre, sous-titre, l'auteur, et toute autre contribution en temps opportun. Entre 7 Mots-clés et sélectionner jusqu'à 2 catégories offertes par la sélection disponible, et entrez une description de votre eBook. La page de description s'affiche dans la page de vente Amazon.

Cinquième étape: Créer une couverture eBook avec l'Assistant va le voir bientôt 8Usted Amazon) ou Envoyez votre dossier JPEG Couvrant eBook.

Sixième étape: Sélectionnez Enregistrer comme brouillon.

Septième étape: Télécharger le document eBook. Sélectionnez eBook de charge et le type de votre nom de dossier. Doc au point. Tapez "charge" et vous êtes sur la bonne voie.

Huitième étape: Après Envoyez votre doc du dossier de livre électronique, dossier et image JPEG couverture de livre électronique avec votre "Main de couverture de cas," puis sélectionnez le prix de votre eBook.

Prix Il est très important pour le côté commercial de l'apparence de votre eBook, alors je consacre un chapitre à ce sujet. S'il vous plaît voir le chapitre neuf: monétisation. Une fois que vous avez sélectionné le prix de vente de votre livre dans plusieurs pays, vous êtes prêt pour le grand moment. Le moment qui va vivre en largeur dans le monde entier.

Neuvième étape: Type de fichier, par courriel et votre portefeuille seront facturés sur Amazon.

Etape Dix: Amazon nécessite 12-48 heures pour traiter les dossiers que vous avez chargés dans le format qui prend en charge les périphériques mobiles. Amazon convertit les documents et dossiers de documents envoyés au format. MOBI, et parfois vous serez en vie dans le monde large sur la plate-forme Amazon.

Félicitations! Vous êtes maintenant un auteur publié sur Amazon!

Chapitre Neuf: Monétisation

La publication numérique est un aspect monétaire. Les téléchargements numériques de l'eBook peuvent être offerts gratuitement ou vous pouvez charger par copie. Le choix est vôtre. Si vous décidez de vendre votre eBook, Amazon a, il est facile d'entrer dans le prix que vous sélectionnez.

Si vous choisissez de facturer des frais pour votre livre électronique, vous devriez alors contacter monétisation. Il suffit de définir combien vous voulez payer pour votre eBook?

Décider prix plateforme Kindle est déterminée par l'image de vos droits d'auteur, et le pays. Vous pouvez fixer votre prix en dollars US par livre électronique, et si vous avez des droits internationaux à votre livre, vous pouvez utiliser cet argent pour tous les marchés, ou choisissez des prix différents pour différents pays.

Amazon a actuellement deux structures tarification des redevances pour les auteurs. Vous pouvez gagner 35% ou 70% du prix de vente, selon le prix que vous avez précédemment sélectionné pour votre livre électronique, qui varie selon les pays.

Si vous mettez votre prix d'eBook ci-dessous 2,99 $, puis vous gagnez redevance de 35% sur les ventes.

Si vous mettez votre prix d'eBook entre $ 2,99 et 9,99 $ chacune, alors vous gagnez 70% de droits.

Mais si votre prix est supérieur à 9,99 $, puis de nouveau sur les 35% du chiffre d'affaires.

Définir le prix ato son livre est une question épineuse. En règle générale, les pre4cios les plus bas ont tendance à vendre plus de livres électroniques que des prix plus élevés. Cependant, mon expérience montre que il ya des prix pour eBooks FICTION, non fiction et.

Les Non-Fiction eBooks peuvent manipuler un prix plus élevé, et parfois jugé par des attitudes de "vous obtenez ce que vous achetez"

Le livre électronique fiction, d'autre part, sont mieux à des prix juniors. Le prix le plus populaire, dans ma recherche est d'établir les prix des livres électroniques entre 1,99 $ et $ 5,99 pour chaque, avec le maximum de la fourchette de 2,99 $ à 3,99 $.

La publication numérique pour déposer de l'argent est un jeu de nombres. Le meilleur résultat semble être un équilibre entre plus de ventes avec moins de marge, ce qui donne un revenu moyen, qui quelques petits volumes de ventes avec des marges élevées. Il est n équilibre global de ce. Heureusement, avec la plate-forme Kindle, vous pouvez changer votre argent à tout moment, et cela vous donne la possibilité de "jouer" avec les prix pour trouver le grain doux de votre eBook.

Après une période initiale de ne pas publier 60 jours, Amazon versée mensuellement si vous atteignez un volume de vente minimum. Vous pouvez spécifier à être envoyé chèque mensuel, virement ou EFT pour le numéro de votre compte bancaire automatiquement. Amazon fait ces options faciles à sélectionner et exécuter.

Chapitre Dix: Création de votre Marque

Publication numérique vous donne une énorme richesse. Dans les temps anciens la commercialisation a nécessité beaucoup de ressources. Maintenant l'édition numérique vous donne les outils qui en font un publiciste puissant pour un public mondial à partir de votre ordinateur.

Construisez votre marque est une question de la commercialisation de vos eBooks, basé sur la base de votre présence sur le Web. Amazon a développé des outils pour les auteurs et les éditeurs, qui doivent donner des avantages pour rendre vos publications plan de marketing.

Amazon Auteur Pages fournit pour chacun de leurs plates-formes à travers le monde. Après avoir publié votre premier livre, Amazon vous enverra une invitation par e-mail à signer d'autres plates-formes internationales par Amazon. Maillons essentiels de votre email et signe pour les outils de création Amazon, et présence sur le web.

Publier sur Amazon n'est que le début, par un puits, pour la publication de portée mondiale. Après avoir publié votre livre, vous pouvez envisager d'imprimer certaines versions de "Hard Copy" de votre eBook.

Il ya des étapes supplémentaires que vous pouvez prendre pour faire leur marque sur le web. Vous pouvez offrir à votre version de "papier," demande reconventionnelle, un imprimé par un, avec création d'espace; par exemple. Barnes & Noble est un autre grand débouché pour la distribution.

Enregistrer un URL en utilisant son titre à un site Web que vous avez créé à consacrer à votre eBook. Le site, avec son Titre URL eBook comment pourrait fonctionner comme un outil de marketing. À propos de ce site intitulé son livre, vous pouvez construire un lien (télécharger le code de l'Amazone) pour amener les gens au magasin pour acheter son livre Amazon eBook.

En outre, il existe des logiciels qui peuvent être téléchargés à partir des tiers, qui vous permettent de télécharger un eBook gérez PDF à partir de votre site. Cependant être très prudent et toujours rester dans les règles de l'Amazonie, alors pensez à tout ce que dit Amazon propos de ce sujet.

Remarque: Construire un site web d'hébergement dédié ont leur coût. Un avantage de publier avec Amazon, c'est qu'il ya pas de frais.

Sur les plateformes Amazon, entrez votre eBook peut, au fil du temps, sans coûts supplémentaires, ce qui rend l'édition numérique quelque chose sans parallèle en termes de retour sur investissement potentiel. Tous ou presque tous de son livre sur la couverture arrière de votre projet.

Si vous travaillez la dernière partie du livre, vous pouvez augmenter considérablement vos ventes, vos canaux de distribution supplémentaires de contact. Posté votre eBook, vous pouvez planifier des entrevues interviews radio, des conférences, des articles de presse écrite et effectuer d'autres activités riches en sorties pour augmentation de la publicité et de visibilité pour votre eBook.

Chapitre Onze: Traductions Poster Nonfiction eBooks pour votre livre électronique comme de Split

Chacun a sa langue maternelle. Traduire votre ebook langues étrangères est une méthode pour enrichir son étendue mondiale, et augmenter le plaisir de vos lecteurs.

Il ya plusieurs façons d'aborder la traduction, comment le langage qui l'entoure, est une proposition très délicate dans les livres électroniques d'édition. Cependant, la traduction de son livre fait grand sens du point de vue du marketing et de la marque, et peut être très efficace. Cependant, la traduction de votre livre est sensé d'un point de vue marketing et le branding, et peut être très efficace.

La traduction est meilleure quand fait un locuteur natif de la langue que vous traduisez. Si vous n'avez pas un locuteur natif, ou une dûment autorisé examiné et académique, une expérience pratique de la langue que vous êtes intéressé à faire la traduction, une personne autre option est de louer un service.

Une autre méthode de documents Word traduction dans une autre langue est d'utiliser le logiciel "de traduction automatique." Mais ces méthodes doivent être utilisées avec précaution et D Très bon paragraphe Réviser le paragraphe.

Utilisez des traducteurs "mécaniques" est excellent pour fins d'une première version, mais ils sont mieux utilisées en combinaison avec un locuteur natif. Les logiciels de traduction n'a pas encore de saisir la vraie subtilité de la langue, comment les traductions sont délicates et exigent une grande attention.

Google fournit des outils pour Google transalpine et peut être un bon point de départ. Les traductions de la plateforme Kindle de langue étrangère de votre livre électronique sont considérés comme indépendants et séparés de la langue originale écrite dans les livres électroniques. Assurez-vous que tous les droits rédaction de leurs traductions, si vous utilisez des traducteurs en tant que tierces parties.

Chapitre Douze: Vue d'ensemble et Guide de Démarrage Rapide

La publication de votre livre électronique sur la plate-forme dans le monde entier spectre de Kindle d'Amazon est quelque chose de puissant, satisfaisant, et potentiellement rentable. Voici la liste des 19 mesures que vous pouvez prendre pour produire des livres électroniques dynamiques, dynamiques et performantes publiés sur la plateforme Kindle d'Amazon pour la vente et la distribution à tous dans le monde entier.

Suivez les étapes ci-dessous pour prendre votre eBook du concept à la trésorerie.

Étape 1: Index

Étape 2: Préface

Étape 3: À propos du livre

Étape 4: À propos de l'auteur

Étape 5: Présentation

Étape 6: Chapitres

Étape 7: Epilogue

Étape 8: Titres et sous-titres

Etape 9: Le formatage de votre word.doc

Étape 10: Insertion de sauts de page

Etape 11: Insertion rubriques 1 et 2

Étape 12: Les liens hypertextes et Monuments

Etape 13: Enregistrement et nommer vos dossiers

Étape 14: Formatage Images

Étape 15: Compression des dossiers

Etape 16: Création de la couverture de votre livre électronique

Étape 17: Modification de votre eBook

Étape 18: Liste de vérification finale et avis

Chargement en cours 19: Charge à Amazon

Ici, futur auteur de livre électronique.

Les étapes décrites ci-dessus sont votre feuille de route pour la publication des livres sur Amazon. Ce sont les outils à apporter votre livre électronique de votre ordinateur pour le pilote de mondial amplitude de plate-forme de vente sur le web, générer des revenus.

La publication Kindle vous donne le moyen le plus puissant pour toucher des redevances, et atteindre le monde avec la plate-forme de contenu. Je sais que vous apprécierez l'examen de vos rapports, vous Amazon, et de voir combien de fois dans le monde entier de son livre est vendu et apprécié.

Peut-être que votre expérience de la présente publication à l'abri comment je l'ai trouvé, mais j'espère que ce livre est utile pour vos projets de ressources de l'édition numérique.

Merci pour la lecture, et heureux sur Kindle Amazon!